Poesia Original

couraça

couraça

dirceu villa

poemas

1ª edição, São Paulo, 2020

LARANJA ● ORIGINAL

poemas deste livro apareceram em separado ou em seleções de outras publicações, impressas ou digitais: *alba londres* (londres), *versschmuggel/ transversal* (berlim/rio de janeiro), *modo de usar* (rio de janeiro), *enfermaria 6* (lisboa/oxford), *cuadernos hispanoamericanos* (madri), *escamandro* (curitiba), *ihu online* (são leopoldo), *revista saúva* (rio de janeiro), *neue rundschau* (frankfurt-am-main), *lyrikline* (berlim), *in place of love and country* (londres/ brighton), *bicho de siete cabezas: selección de la poesía brasileña contemporánea* (córdoba), *eutomia* (recife), *transformador: poemas 1998-2013* (são paulo), *retendre la corde vocale: anthologie de la poésie brésilienne vivante* (montreuil) e *em tese* (belo horizonte).

fais-toi une cuirasse secrète composée de poésie et d'orgueil,
comme on tressait les cottes de maille avec de l'or et du fer
gustave flaubert

sim

realidade mata.

não os usurpadores da razão. não a timidez de botão novo.
não os sublimes olhos fechados.
ou a paciência divina do segredo.

mas secarem os suspiros. o pacote de serviços das promessas.
o interrogatório dos dardos. a vigília das metas.
a meteorologia dos humores. os dedos de ceifar.

realidade mata.

não você inumerável.
não as preferências da seiva. não o mel do acaso.
não a realidade se descansa. sim.

cefalópode

leio que o polvo gigante é silencioso,
fluindo sem ossos em noite profunda;
sem corpo: cabeça e tentáculos só.
hectocótilo, imóvel, seu sexo;
e comer, um plano de lentas ventosas:
alcança, então prende, consome e se move.
produz uma tinta e escreve com ela
ilegíveis arabescos no oceano,
água que os esquece assim que impressos
[se diz: *rapida scribere oportet aqua*]
na melancólica tinta que o camufla.
também os zoólogos comem sua carne?
— imenso, mas sem corpo, o mole covarde
escreve apenas quando foge ao que não sabe.
pegajoso, e o que expele suja o azul.

prece materna para corpo fechado

que não te achem balas nem pregos, meu filho
que falhem os que te quiserem ferir
que a tua dor neste mundo seja só a sina comum
    da carne & dos ossos
que não te vejam os maus, & diante deles te vás
como dentro da névoa mais clara
que não te levem teus passos à senda sombria
que as plantas de teus pés, como as palmas de tuas mãos
    não sejam vulneráveis aos vilões
que não perfure o teu coração ou as tuas costas a covardia
que se escondam de ti os perversos
que a treva se retire de onde estejas
que laves teu corpo sempre perfeito, sempre
    sem as chagas da chantagem
que se afastem de ti o invejoso & seu veneno
    as invectivas do ignaro & do cruel
que se desfaçam diante de ti todas as formas de afetar-te
    a feitiçaria ou o logro
que não possam contra ti os ditadores & os tiranos
    a intratável violência da ambição
que não te perturbe sequer o espinho dos falsos de perto
    íntimos só de odiar & mentir
que tenhas, meu filho, a fortuna melhor, não a que brilha dourada:
    a de fechar-te esta reza a tudo que almeja o teu mal

nem tão distante

passado, nem tão distante: rural;
posam, como em retratos a óleo,
circunspectos, em formações triangulares
de resíduo místico, nas roupas milhores;

em festas de bairro: com ternos e rendas
em casa: cercados de plantas
no exército: em grupo, agachados, rapazes sorriem

senhoras nos quintais apertam os olhos ao sol matinal
em varandas floridas, fachadas que parecem brotar como
                [árvores diante de procissões;
                      garotos se empurram e riem
infringindo o decoro solene de quem encara as lentes
como encara a metafísica do tempo;

congelados todos no imóvel retângulo
que apela à memória
e murmura aos seus olhos "quanta morte
já foi vida":
                retratos como fendas na parede
por onde tudo o que foi se esforça para ser
em nós ou conosco
novamente.

courage de luxe

o mesmo deus que te deu tuas leis em conserva papai mamãe
te deu as *bichas os viados as sapatas*
deu os computadores e as pragas do egito
deu-te mãos e pés e um corpo perfeito
ou deu-te uma série de defeitos na metafísica e no corpo
o mesmo deus que te dará ao pó e que te deu
a bomba em sonhos floridos do pecado de oppenheimer
e que deu a chave para as portas e as metáforas
o deus que se deu o nome acaso ou que se deu
todas as imagens ou o vácuo geral numa explosão sem som
no centro do universo
o deus que te deu tua estupidez crassa que se arrasta
de tua mente como os braços de um orangotango
que te deu paris para parires um asno às ruas
um asno a que deu o barrete frígio e frigide barjot
esse mesmo deus um só e muitos
de um só nome e muitos
que te deu a pátria o exército hippies desertores
a bolsa de valores e os brinquedos da ciência poetas e platão
ele que lembrou de te dar uma religião para brincares de deus
deu-te a água pura e cristalina e poluição
doce veleidade romântico-amorosa um pau uma buceta
ou deu-te os dois e pôs-te albino como um deus em um triclínio
o deus que deu o desejo e o desânimo o intelecto as mãos juntas de
        uma prece
a sublimação que deu ao dar-te trepar ou pensar como opção
esse mesmo que se deu um nome de mulher primeva gaia a alegre
esse deus que deu o sexo dos anjos como jogo de dados

que jogava e joga bem ao dar-te a dúvida
o deus que recebeu empédocles no buraco mais quente da terra
mergulhado com a coragem de foder montanhas e o deus
que deu o cristo de presente para a cruz
que te deu sua imagem e semelhança
é bom lembrar: deus gosta de dar.

primeira pressão

todorov enfim admite que se lê a teoria
        e que não se lêem os livros
        e que isso não é nada bom

o pólen se desprende no ar brilhante
            flutua suave ao vento

giacomo, de cama, ouviu *la strega*
resguardou-se e recebeu a visita
que o ergueu pela primeira vez em muitas

          magicam operari
               maritare mundum

segredos
       alguns nos livros, outros
na vida, na combinação exata
certamente não no explicar, não no expor, nada disso

           como arrancar a borboleta
da crisálida ou extinguir na flor a força
de uma essência por pressão

       cícero, o advogado cicerone
de turistas no estoicismo
no estilo, espremendo grego como azeitonas, retirando
           a pequena abstração a fórceps, *essentia*
           a umbrosa sombra de sombra

folhear esta floresta   encadernar sua vida na garganta

musgos & pedras

fazer surgir esses homens
em pedras, ou no alagadiço
cheio de restos de vida em cadeiras estofadas,
lojas de estrada, frio de chuva e carros parados
junto das cercas
(que lembram a luz do fim de tarde
sobre carpete velho)
      — como povoam
de cigarros o cinzento desse céu, de *tweed*
o verde abandonado das charnecas,
lavanderias com máquinas mais velhas
do que eu.
      os bons não ofendem os gatos em volta,
que os acompanham, junto de estátuas cobertas de folhas,
e presas por tubérculos antigos a esta terra;
      os velhos homens de óculos, gravata,
têm relógios de corda dentro
de estojos de madeira, e os jardins
só os aceitam porque velhos, porque — se pode dizer
— partilham das raízes deste mundo.

porta afora : pé na estrada

o espírito oprime: sair.
mil bocas, nuvens do céu
expiram flamas
        na carnadura da terra
onde incham galhos e frutas explodem
        doçura na terra.
trens tremem nos trilhos, jóias
aos olhos, devoram paisagens rurais,
antebraços fincando em janelas
        e o ar foge ao peito.
supremo prazer dos dois pés,
pistões macerando o úmido verde
que cheira a vida, esmagado,
        num suco nas solas.
extensão dos cabelos, estrelas:
o rico, se mesmo tem bolsos vazios.

grandes como aviões

as casas todas têm tijolos algumas paredes pichadas
aqui as mãos dela eram as mais macias deste mundo
colecionamos corvos nos telhados do primeiro inverno
janelas com duas camadas de vidro e calefação
e dedos escondidos na carteira para distrair os caixas
a areia na praia distante e as casas brancas quase gregas
marinheiros velhos de rosto como um mastro
ondas estalam violentas você punha uma flor na minha lapela
a enorme porta de madeira do século dezoito range
sua nudez em lençóis brancos a mais viva natureza
fogos de artifício no rio que é um mar um mar que canta
pedras de calçamento desviam passos pensamentos
restaurante noturno com pouca luz montanhas no horizonte
cachecol envolve rosto assim mumificado contra o sol litorâneo
seguimos o rio sinuoso como faziam os antigos teutões
novos burgueses te aborrecem em fila para ver velhos anarquistas
crianças correm em volta dos pais e políticos isolam a liberdade
caldo verde enfim no início da noite fria perdidos no silêncio
ciclistas e traficantes todos gentis com mapas e direções
despedidas nos agarram despedidas grandes como aviões

outra viagem

os trens saem de king's cross.
nos apressamos, você se engana e põe
o bilhete de volta, não o de ida,
na catraca: seus olhos amplos sempre calmos
e a elegância da bolsa no antebraço;
seus cabelos finos e longos se agitam
nuvens ao corrermos lado a lado
junto ao trem na plataforma,
e nos sentamos com a paisagem,
o verde e os tijolos, campos
cobertos de narcisos,
pólen estalando ouro ao sol,
partilhamos a pequena *clementine*
aberta já na casca, doces gomos.

frutas ao sol . verão

para leonardo fróes

na árvore, seminu,
cabelos, barba, bolsos cheios de pequenas flores,
folhas da colheita, insetos coloridos.

os frutos ardentes povoam o verde.
eu, ferido de espinhos, sem me dar conta,
avanço forte para a copa repleta entre os galhos.

verão,

crianças no calor, seminuas no vizinho,
se esfregam no azulejo onde os cães deixam recados
sobre o que pensam da prisão; o medo é muito novo, todos protegidos
pelo talco e o plástico aderente, o leite e os três tapinhas

¿que dúvida, em meio a esse medo,
de que a lama de que os homens foram feitos
seja mais teologia e menos alma? e aqui
justiça, a garçonete, serve os pratos como pode,
olhos vendados ou vendidos

        a rede nodosa embala um sonho entre dois ganchos

íbex

entre a distância e o estrondo
da montanha, o dorso
delineia o colosso,
curvado na hipnótica espiral
onde tudo se decide:
um clangor, mas silêncio
de paz montada em cascos
e a rocha dura, a sólida
troca de estouros secos
em que se troca a pele
desta quieta e feroz
montanha animal
em rígida pedra.
salta em folhas íngremes
de mineral pontudo
e sempre se empina nas patas
como se músculo só.
procurar o verdor no sol
da aridez vermelha,
que trinca a terra seca
abrindo feridas
no chão áspero, ardendo;
sem medo, porque pedra
se torna entre as pedras:
o precipício venta
e sem tremor se encontra no topo,
em seus chifres, o íbex.

o grande alfaiate

a vida não é muito confortável   ela disse
pensa ou deve saber mas assim de qualquer forma
ela disse   uma roupa que não cabe direito
sua roupa e não cabe direito
assim é a vida

você pensa desse jeito?
não   ela disse
acabou de me ocorrer a coisa
e não é verdade?

é verdade certamente   e ela: veja as luvas
que você veste e então   sabe de cara se são certas ou não
a vida não tem isso
ao menos não pra mim
é sempre caber não cabendo

olhou longe como quem precisa
recompor o mundo depois da palavra
e disse   sei como quem sente e isso não serve pra nada

esse é o problema de saber   digo
quem só sabe o que serve só sabe servir
você sabe o que não serve
ela riu
         e completou

o grande *arquiteto*   diziam antigamente
e não o grande *alfaiate*

julho de 2000 . varanda

a varanda da manhã com pássaros entre os cabelos do sol;
morna blusa de seios noturnos, e preguiça,
maritacas verdes no gradil verde aguardam o mamão.

seus dedos industriosos servem o branco fumegante:
nuvens numa xícara e as ruas lá embaixo massageiam
uma calmaria de domingo em nossas têmporas serenas.

os corpos dos avós

    os corpos dos avós
já nada pedem ao deus multiforme das coisas do mundo,
nem temem o silêncio frio da madrugada:
    gastos e bons, envelhecem;
e, árvores, ganham raízes profundas na terra;
suas cabeças agora, de fina brancura,
    mais complexas e leves,
ascendem à seda inconsútil das nuvens.
    os corpos dos avós
aos poucos parecem encolher, como a noite,
mas se ampliam de um modo incompreensível aos netos,
    que apenas crescem, e ainda.

sem perguntas, um forasteiro

louça boa mas gasta nas bordas,
        riscada de uso.
velhos põem os pratos sorrindo,
e perto, percebe-se a pedra do tanque
onde esfregam a roupa mil vezes,
o duro tecido resiste, tênue, a cor antes viva
        desiste, o brilho cede à rotina,
e cheiram ambos a glicerina; sapatos, quase botas;
bolos, doces caseiros,
        e a leiteira fumega,
embaçando azulejos brancos
junto ao fogão. lascas de pão espesso,
cortados com facas recém-amoladas.
cabos de madeira
        escura, ressecada, pilão,
mãos de raízes nodosas, a pele crepom.
tempo de aceitar e recolher, de expandir o tempo,
como o baloeiro holandês de pesados tamancos
        retém balões contra o vento.

tarde quieta, cena litorânea

água verde-uva e folhas nanquim
vento e dobradiças com ferrugem
céu de eletricidade azul
ela esfrega os olhos seminua
boceja se espreguiça e empina-se
a adorada cervical

(animais no parque zoológico
graciosos deixam o peso
ondular pelas costas)

fios desencapados
cobre desgrenhado
manteiga amarela
no pote alaranjado
mesa com cesto de frutas doces
faca, mão, suco, abelhas
apagam-se as luzes

utilidades domésticas

completo o jogo com novas facas
completa a pia com sua água
completos passos na cozinha um e dois
      que estiveram lá antes e depois
completa a luz no lustre redondo com restos
      de muitos insetos
completos ladrilhos entre quadros de frutas
      e acima de cestos repletos
completas mãos de louça, perfume e escuta
      plástico o tubo de tv, um feto
completa a despensa com a fome dos dias
completa a cozinha quieta, de pedra fria

o gerente de gravata vermelha

o gerente de gravata vermelha
adentra ao meiodia
as dependências do restaurante
no conjunto nacional.

o gerente de gravata vermelha
veste um risca-de-giz cinza frio,
cabelos laqueados *cosa nostra*
e um ar neutro, impecável.

as garotas conversando a seu lado
riem com lábios suculentos,
mas o jovem gerente de gravata vermelha
é um asceta do almoço:

separa com cuidado a carne
do osso : e sob as íris boiando
nos globos brancos
mantém a indiferença de metal.

magro, de cartaz ermenegildo zegna,
o polido gerente de gravata vermelha
é um estóico da mastigação.
comenta algo, sucinto e de lado,

e observa as mãos guiando os garfos.
o guardanapo cesura o labor
das mandíbulas; nenhum ardor
sublinha seu sorriso clerical.

a gravata vermelha, única exclamação,
pendurada no fino pescoço,
o enforca : e dizem que os enforcados
têm uma ereção.

homem velho à deriva

      cadáver ou fantasma,
as costas se curvam em um arco,
o rosto cai no queixo em ondas de pele,
a boca, um ponto e pregas como um ânus
e os olhos se revolvem lentos
          como os das tartarugas: também delas,
seu pescoço murcho e erodido, quieto.

o blusão bege se deforma
          nas varas finas, frágeis do não-corpo;
ele pensa ou remói não mais o mundo,
mas a si mesmo: as mãos só ossos,
garras sem força, brancos esforços.
          duros, pretos, seus sapatos.

mercado de masaya, nicarágua

três galinhas depenadas de bruços
com talhos no pescoço, o vaticínio
de bicos duros semiabertos enquanto
        o sangue se colhe numa tina de alumínio

o espesso ídolo maia sentado
com as pernas fincadas no chão,
um avental lhe cobre o colo e
        espanta moscas; terracota, a sua mão

2018

der himmel über berlin

para ulf stolterfoht

"alguns vieram em auxílio do céu",
disse ulf através da sra. waldrop,
através de mim. caem os muros
diante desse telefone-sem-fio

ou haviam caído antes por obra
de tradução, política e marretas,
e eis o céu novamente. em auxílio
dele eis a teologia que fabrica

nuvens brancas sem as manchas
que lhes punham canaletto e cuyp.
do céu como paraíso em *heaven*
vem o sopro da teologia tomista.

rupturas aparentes, não no muro,
mas na parede da escolástica, ou —
permitida a licença poética — nas
palavras hermeticamente fechadas

dos livros da lei, tão pouco prática.
anjos alçam o céu, *que ne nous tombe
pas sur la tête*, que não suma sob co_2.
alguém engasga em socorro do céu.

berlim, junho, 2012

o inominável

nós fizemos um monstro com duas asas
de colunas dóricas, mas fizemos mais,
fizemos-lhe também um uniforme negro
dos nossos pesadelos, capacete e luvas,
nós o pusemos hierático nos quadros e
creio que o dissecamos em nossos filmes.
nós o compusemos em pedaços de coisas,
em tempos diversos, nós o consagramos
com barba comandante e doçura feminina,
ou com crueldade feminina, macheza dócil.
nós o pusemos na escuridão dos cantos
esquecidos das nossas casas, sótão e porão,
entalamos sua cauda pontuda nas estantes,
nós lhe demos de comer comida gorda,
comida magra, nós o deixamos de jejum,
o revelamos em fotos do melhor contraste,
ou mal o discernimos fundido às sombras.
nós o amamos em sua invencível beleza
e o abominamos por sua inaceitável feiúra;
nós lhe demos um nome, mas subitamente
o medo de o dizermos nos paralisou e eis
que o conjuramos apenas e somente sem
o verbo, já perdido, entre a razão e o instinto.

fable ancienne?

que
pernas como essas se transpõem,
uma sobre a outra, brancas, com tal arte sem esforço,
e tão serenos olhos lêem,
esquecida de si mesma,
elegância contra ordem e aspereza?

não
muito atrás, o espelho que faz jus ao brilho dela
com um brilho junto ao rosto que retrata.

minto:
é um retrato de suas pernas
tão perfeitas, tão exatas, do capricho
do sapato com fivela que lhe abraça
o tornozelo nu e torneado de rosado tom de flor
sob o verde carinhoso do cetim de seu vestido.

é ela

fábula moderna onde acontecem transformações muito inesperadas & onde se explica tudo ao final, diligentemente, em moralidade proveitosíssima

a preguiça entorta o topo—da cabeça : imóvel
mancebo em que penduram

        chapéu
                guardachuva
sobretudo

mostarda verde musgo

                e preto, surjo à porta
                ☛

/imperfeito e insolúvel/

café ao fundo
da embalagem
antes pó agora pedra
sem passar

═══════════════════════

M
O
R
A
L

em todo caso
    : *o coador* :

finezas que se foram

mordomos furtivos acendem ideias na mansão
longas pernas saltitantes de criados-mudos

nós engomamos brumas para fora
gravatas borboleta ainda nos casulos

                & há bem menos luvas de pelica no mercado
                desde que baniram os duelos

façam suas apostas
[a burrocracia das letras]

desbastar do crânio
toneladas de palavras:
        quem tem tempo pra lamúrias
        que coma suas mil larvas;
enquanto penteio palavras
a contrapelo,
        vinte inválidos palermas
        contam favas;
mas trouxe maçaricos,
lança-chamas
        e o belo incêndio que verão
        engolirá os trapaceiros
de plantão;
"crises", direi, "como no almoço;
        coveiros literários,
        sepultados com seus ossos".
ler livros que não passam
de farrapos?
        ou reunir, numa feira de acepipes,
        velhos trapos?
quantos dormem
aturdidos pelo vento
        — uma existência miserável?
        a estátua patética e grotesca
de anhangüera bandeirante,
com merda na cabeça
        em pé no trianon?

        não despertarão
do sono estético de estante?
o merencório de janela, de anestésico
        que compra com a dor
        em liquidação,
oscila entre o verso
ou algum outro remédio
        da emoção.
        "poeta bom é poeta morto"
diz o lema da crítica, política,
ano um.
        desentoca aquela mítica
        fúria, alecto velha e cancerosa
que invade venenosa
o labirinto da memória.
        mas mesmo diante
        dos macacos:
cego, surdo e mudo,
a poesia vive
        e não requer escudo pra batalha,
        a despeito de paspalhos
e outras tralhas.
os estados unidos do brasil
        gostam de remendos
        na velhíssima antigualha
sociopatológica de ocasião,
por isso a inapetência
        não descreve
        a história dos costumes
engessados em fardão;
críticos-poetas de sala de estar:
        mentes com picotes
        de onde destacar.

eat drink suckcess
[hypnotic charm]

o que eles
farão por isso
o que
eles farão

você não sabe
mas eles
farão o que for
preciso por isso

e o que eles
farão por isso
o que
eles farão

quem sabe
o que eles
farão por isso

sabe que eles
farão o que for
preciso por isso

história como ironia, fevereiro de 2009

"cem anos de futurismo", diz um rapaz ligeiro
diante da tela de giacomo balla pendurada no museu.

tsantsa

a cabeça encolhida
assusta o respeitável
                intelectual
      que pensa em
      estranhos ossos
      onde o cérebro
e bem mais importante
sempre
       "como"

                                    tabuletas pequenas respondem
                                          ervas e fervura, taninos
                                                    cinza de carvão

a cabeça encolhida
sorri com lascas de palmeira
grampeando os lábios

na verdade é um sorriso imbecil
mas vamos dizer que o humor
da cabeça encolhida
é mais sutil
que o dos peixes de aquário
        diante dos quais
o respeitável boçal
        esboça
        bolhas pela boca

laranja

sol em caldas
no horizonte
nada diria
direito
a delícia: círculo
árduo de ácido
cítrico.
mãos agarram
em seu ofício
de forjar uma fissura:
a casca
rasga
e vê-se refeita
a cor nítida
no peito,
pura

.

overlapping

julho à distância de um braço.
europa mastiga nas manhãs laranja
o sol de aço! o inverno já não faz
mais vítimas entre as plantas nem
das flores um bagaço, e londres,
londres sempre teve garotas
em minissaias de seda, roupas
menores que um trapo: o vento
bate, não sentem dores, fortes
como um bom trago.

sacolejam os trens do metrô
numa canção de engates, aviões
dão pulos a paris como pernas
pulam poça: que graça
rodar o loire, sem grana
e feliz. dias novos
em papel de presente,
todos diversos, sem cópia
ou matriz. esta baguete,
a nossa divina hóstia.

amboise é como beijos,
quase breve e para sempre,
como costas nuas pouco antes
de fechar-se um sutiã. obras jovens
e antigas, hotéis práticos,
palácios com muralhas. a beleza

não se entrega e nunca falha,
priscas eras e carvalho. leonardo,
tão famoso em um sorriso,
sorriria às minhas noites de improviso.

me esqueço e embaralho, e nada
mais me entedia (o mentiroso
é também quem desconfia).
vermelhas, as raposas, e nos olham
bem nos olhos sem temer;
viram latas e se escondem
entre galhos e arbustos: nada
a perder, domam com melancolia
o susto. e isso basta até correr
a itália em trens ao fim de julho.

londres, 2011

dias sem cortina

dias novos sem cortina
sem portas dias azuis
                sopros em retortas dias
espirituais sem dívidas
dias de crescente e sol laranja
dias de pulmões e plantas
                de imprevisível *laetitia*
novos de fábrica estalando
mapas desdobrados de dias
                sem cuidado sem razão social
sem contratos dias indeterminados
de sorrisos sem fim
dias saudáveis.

silêncio: uma despedida

hoje morreu
uma vasta parte de mim
mas para que algo nascesse

olho minha vasta morte
com olhos de janela
com todos os seus vidros quebrados

quando se tem
uma morte vasta em si
se é em boa parte um fantasma

ando através
das coisas e das outras pessoas
mímica restante de uma vida antiga

sei agora quieto
e a minha sombra hoje
é três vezes o tamanho de um edifício

ontem

as pessoas de ontem nunca nasceram,
nunca é dia ontem : ontem é uma vala,
um depósito, armazém de ferragens :
as pessoas de ontem comem sorrindo
um sorriso de animais com dor : ontem
tem a indigestão de fotos, de famílias,
de amarelo e de amassado : ontem
jamais foi o passado, ontem houve
como um sonho contado em pesadelo
e as pessoas de ontem viajam à noite
na mais densa neblina, todas surdas
aos nossos gritos : ontem é um abismo
onde pés deslizam e os rostos vão
cobertos de uma cal de cegar ao sol.
quem quer ontem hoje? e quem será
amanhã senão perdido no limiar do não?

crítica do juízo

é como descer a ladeira,
        "descer a ladeira", você diria;
e tem razão,
e todos os nossos dias já contados,
        grão a grão,
degraus na escadaria.

e você, tão delicado, tão afeito ao certo,
        ou necessário,
requer algum *dénouement*,
velho drama ou velho código
        — guerreiro ou cavalheiro —
mesura no gesto de lenço
ou o toque na aba do chapéu
        (capricho no desuso):

jardins com etiqueta de botânica;
doses breves,
        mas intensas,
de café após o almoço
e ao fim da tarde.
        "o acaso agora é regra,
não surpresa ou exceção;
        tudo é cor demais, a toda parte,
e a esquecida arte da *grisaille*?"

ordem do requinte, o seu cinzento,
ou o prever de dobras num panejamento;

    havia planos para o cosmos e a cidade.
tentaram tudo e fracassaram
docemente: a rédea morre antes do cavalo,
    e o resto, você diz, é natureza.

lilly cabaret

o que faz agora a lilly cabaret?
      "que graça o seu sorriso"
lhe dá um pontapé
dois *spaccatti* de improviso
heu heu heu
      che carina!

seria um exagero
      exagero mesmo
dizer que é pervertida
digamos ao invés: *ordinária*
              é a sua *vida*

fitas que desenham num laço
      um coração sobre as ancas
"que potranca!"
— isso não é brecht,
          palhaço —

suas pernas de cabaré
saem andando sozinhas
      "isso é que é mulher"
pensam as vizinhas

glamour, então?
sim, como não?
      usa um *bottom* sobre o seio
      em que se lê *ignição*

aula magna na escola superior de política

siglas ordinárias ternos tamanho único
barrigas inflam o perfil magro dos candidatos
barrigas que mal cabem no conceito de camisa e vazam
como a fétida gordura dos tanques nos curtumes

ajudaria saber ao menos
que obedecem a uma fatalidade estilística
flatulência mental
e asininos como lúcio apuleio
num milagre orelhas longas patas cauda surgiriam

discutem ninharias fingindo convicção
pavorosos bonecos de ventríloquo
falam com línguas de pano puído
atrás do palanque uma enorme
mão enfiada fundo em seus traseiros
em bohemian grove ou na ilha fiscal

move mesmo a ponta de seus dedos
tripas de embutidos de papel moeda
da república cega com louros líricos na testa
já ouvi falar em ideologia e vomitei

mas qual era mesmo a sua dúvida sobre isso?

risco : país

500 anos acabam aqui
disse o ex-presidente do brasil
dizendo capitanias
hereditárias acabam aqui
disse o ex-presidente do brasil
que disse antes e hoje as
capitanias hereditárias
no poder do brasil
estão aí disse o ex-presidente
do país de antes não depois
é o ex-presidente quem diz
o ex-presidente do brasil
500 anos defasado 500 anos
hereditários do poder no brasil   cutuquem [a i kutuk]
avisem o ex-presidente por favor

(2003-2016)

smith & wesson .22

velha smith & wesson .22 ela engasga
agarra o dedo no gatilho a cada tiro
o coice fuma, faísca no metal,
olhos se contraem ao som ardido e o tiro
        explode na parede, sopra a cal;

revolução de 32, a colher
que mexe o chá
num maremoto

e veio a mim esse revólver
envolvido com seis balas num lençol,
relíquia de um distante
tio-avô

e veio a mim
        segredo de encerrar a violência
má ferrugem perto do esmaltado

todos guardam souvenires
rotulados na memória de *aventura*
ou outra arte tão
        espúria
e sem dizer conveniente
a noites e fogueiras e conversa
que requentam feitos duros
        agora que o sol lhes parece —
york a ricardo — demasiado luminoso.

beber sem moderação

bêbado de você e de mim
passeio por nós dois
como um tufão
e há muito de nós
tomando sol faz tempo
e há muito de nós
estendido no chão

há mesmo muito de nós por toda parte

de mim de você
e nenhuma cadeira
para o descanso
nos intervalos da luta
bêbado de você e de mim
peço outra garrafa
de mim e de você

e nunca há o suficiente de nós dois

a um conhecido, indo finalmente
à rússia com a família

você sempre jurou matar todo comuna
que visse pela frente;
felizmente não fui um — apesar de tudo.

nem, nos círculos em que se move (pouco)
topou algum — sorte ou azar,
você dirá em tempo ou oportunidade.

no entanto dizem que os novos capitalistas
da rússia são todos os velhos comunistas
do partidão e adjacências —

> divirta-se,
> ou bem-vindo à ambivalência.

lugete

ela está perdida por tudo o que perdeu:
que volte o amor perdido numa voz ao celular,
a vida pela vida alheia, as palavras por um rito
de palavras inventadas que espalha como espelhos
    entre estranhos.

perdida, sua força sem perguntas, igual à natureza,
medo agora em meio ao mundo; perdido, o suor
de sua beleza, o sexo sem pudor: pesada, triste
e com remédios que remendam
    o que é sem cura.

tudo o que perdeu a abate como golpes de marreta
a pôr abaixo muro forte; como a planta cujo viço
o ano amargo a pouco sol acinzentou: o que perdeu,
e dói sem reação, arrasta à perda mais do que já foi:
    [choramos] ela mesma.

floresta índia, 1995

        o guia índio, ele
e a noite imergiam;
        nós, tolos de mãos dadas,
rastejando na floresta;
o guia índio, ele
        deslizava
entre as folhas, as árvores, barrancos,
        veios d'água;
nós bem quietos, pé ante pé acostumados
à luz de poste a cada
trinta metros;
        o guia índio, ele
quase não falava;
os olhos secretos
        como a noite a tudo alerta,
olhos-noite
        e uma coruja em revoada

a pesca no estreito de bering

em grupos,
se agregam gaivotas:
gaiolas repletas
do caranguejo real;

homens de óleo
e metal
agarram as gaiolas gritando
"dinheiro!" — festejam;

carapaça às toneladas
desliza pra carga
— com água na proa —,
empilhada;

disparam cordames,
roldanas mecânicas,
dragam as presas e gritam
gaivotas à volta;

estala o metal no convés,
a equipagem derrapa,
lavada de ondas de vento:
quarenta nós, noroeste;

covos e patas quebradas
no porão entupido e o barco
afunda: agulha,
almofada;

a casa do leme escurece
sob o vagalhão frio,
a pesca
no estreito de bering

por um fio.

o acordeonista lisboeta

grandes maltrapilhos da europa oriental
pisam o chão de metal
dos trens do metrô; carregam
e tocam acordeãos.
com pirralhos já sebosos
passando os piedosos
chapéus, os maltrapilhos vão.

não o acordeonista lisboeta
— sisudo gorducho já careca,
ginja d'óbidos, olhos em conserva:
traz no ombro um chihuahua,
patas traseiras lá, e que observa
o instrumento sonoro com presas
de onde pende a *pet* cortada, presa
a uma alça de metal, pra esmolas:
moedas tilintam, o cãozinho não pesa.

olha os transeuntes sem se mover
— que o ombro o adestre —,
no equilíbrio de esfinge pra manter
a caixa dos trocados do mestre.
ele toca eu acho um velho fado,
triste, mas feito de trinados,
o acordeonista, espessa nuvem pedestre.
sai em silêncio do vagão
e ouço a melodia renovada
ao entrar peloutra porta o acordeão.

polianthes

enrodilhado em você, esse bebê;
não, esse garoto já,
        e nos mostra a idade nos dedos.
longa história, uma cesárea,
lições de garfo e faca e toalete.

suas palavras, não as dele,
custam a sair claras, verdadeiras,
um juízo as interrompe — um cuidado,
um pudor —
        antes disso a função nova,
tão nova, que nem você a sabia em si, a antepor
gaze, ou velatura de óleo antigo
a tudo, novo charme em que então lêem
profundidade.

        no espelho?
menos a satisfação da persistência
que o sentir a estação: carne que de súbito
é mais carne, assustadoramente
        carne.
e comove olhar esse garoto
forte, esperto e imbatível (pensaria de si,
não pensando em tempo)
"ele tem tempo", você sorri,
        "mas..."
revisita silenciosa os lugares prediletos
de sua mente no passado. sonhos tolos já se foram
e reconforta estar a salvo no dever,
        que nunca é novo.

produtos da roça a 8 km,
estrada pro rio de janeiro

montanhas amarrotadas
        perto da estrada de ferro enferrujada
galpões abandonados
        com grama rasteira crescendo
                como num braço
galinhas ciscam na terra vermelha
        velha comanda o facão do garoto moreno
nas folhas de bananeira
        fumaça em casebres de pintura *naïf*
                cavalos comendo no cocho
vacas deitadas espiam a estrada
        motel de caminhoneiro
                junto do posto de gasolina, a câmara furada

esta é a trilha da terra
        onde se planta arame farpado
onde chovem insetos e resmungam
        os postes de fios eletrificados
onde o mato corre queimado
        para a beirada da guia na estrada
onde sulcos nos montes
        parecem feridas
e flores despencam no lago
        onde bebem os bois malhados

ergue-se um manto musgoso
abre-se um veio montado em concreto

        aos borbotões de água e espuma das chuvas
lagos pequenos, lâminas de prata
      ou borrados de barro
tingindo as patas brancas do gado
      caixas d'água e antenas, poços abertos
            um deserto cercado
                  de branco caiado
declive na serra onde a névoa
      puxa as nuvens pra baixo
como a fumaça de cigarro
      se do nariz pra boca

pedágios não recolhem
      parachoques arrancados
nem chifres nos beirais da rodovia
      secando roupas nos varais
      quarando roupas sobre as pedras
            e o riso explode em barba espessa, melancia doce.

a boa cidade

a boa cidade vai nos manter
a boa luz da manhã pela janela e as cortinas
como um leite matutino que alimenta

a boa cidade em sua vida fervilhante
vai nos manter
o perfume em seu ar impregna
até mesmo os móveis, até o assoalho
e nos convida a caminhar pelas ruas ao raiar do sol

é boa a cidade, é boa a pedra de suas paredes
nos convida e vai nos manter, a nós
que começamos a saber das estações
e do registro frágil mas intenso
da memória: a boa cidade, eu lhe disse,
onde somos felizes, vai nos manter

a ponte de einstein-rosen

tempo é desconfortável:
verde-água percutido de ouro,
gaivotas se bicando
por postas de peixe no mercado,
caixas de madeira-balsa em pilhas.
tempo não flui congestionado,
seja no pulso, na estação de trem,
no último momento de relance em
que eu vi seus olhos: não flui.
carros descem a avenida,
pneus são cachoeiras ao ouvido,
luzidio porta-torradas de prata
jaz na rica mesa recém-posta
e palavras holandesas se misturam
a frases francesas no café
e eu tenho uma colher
e a espuma forma uma galáxia
no centro da qual está o tempo,
dobrando-se diante de mim.
velho néon intruso em nosso quarto
pobre, provisório, nesta noite
em que leio os lados de seu corpo;
mãos nas rochas da cidade,
pés no limo de outra sob a sombra
daquela torre vicentina, a sorte
do azul dos olhos, protegidos.
pego o tempo na ponta
dos dedos, ou da mente?

se contorce, uma minhoca
já sem terra, já sem lisa pele
que deslize úmida, cilíndrica.
desconfortável: pouco tempo
em nossas mãos. um sopro.

plesiossauro no museu de história natural

plesiossauro
na espuma pujante
      de pedras

   _____ossos: cantam.
novos como naves. e como nadam
      minerais em minerais

        vocês ouvem vergarem
                os galhos?
e,
lá fora, as folhas? e, traços
    nas folhas, aflitos
          fugirem
em vozes os pássaros?
    é o vento

        _____mas
nele, os ninhos; nos bicos
nada agora um vôo

        osso mineral
        mero sinal
            o velho
sauro se esgalha,
      fossilossauro.

phænomena meteorologica

boreais, as notáveis auroras
sem rumor no horizonte,
        como um grande rosto universal,
o grande cosmos com sardas de estrelas,
        luas em pó digestivo, luzes curvas: a língua
de einstein lambe o sorvete do átomo,
a eletricidade penteia seus cabelos pro alto,
        brancos como as nuvens hirtas de haarp,
e galos costuram a manhã verde
        da preguiça inviolável,
selada a vácuo contra os crimes dos astros.

chove agora quando a dança nos dá
        tatanka iyotake: que a dança fantasma
            engula os brancos
        (buffalo bill sobretudo),
que a dança apague incêndios criminosos,
pague as contas de luz, encante vênus, venerável
enamorada, e urano, pênis usado
no mar para espuma
abrindo a champagne da via láctea
            — e todos sorrindo com pérolas.
tatanka iyotake, sentado e dançando.

bohr se aborrece,
        a bomba estremece o pacífico, os peixes se espremem,
bóreas no topo do mapa, ainda soprando.
ventilador do planeta

antes da umidade relativa, absoluta
(em buffalo, new york),
antes de franklin contra júpiter;
        a aurora boreal segue em silêncio, tesla
        nunca testou uma plantação de chapéus
        e sua bobina hoje mergulha numa fatia do horizonte,
                              como numa cabeça humana.

topografia externa

sua beleza : sem discussão
a intensidade que queima em você. muito vazio
entretanto : impreciso. o *pássaro*
do paraíso cresce dos restos da lava. belos seres
pulsam nas plantas ou atacam mesmo
manadas. alguns, como nós, mimetizam
a floresta inteira se preciso. fluxo em que o calor
aos poucos se apaga, vira cinzas, renasce
colecionando pó de estrelas e cadáveres, ritual
do sempre em nunca, estalar de dedos
do acaso, o velho de longas barbas: a arte, tão triste :
taxidermia e a flor de metal dourado, fixa em suas retinas
resto de voz invocando um *como explicar*, ou tesouro :
vigor maior que o tempo, e um pressentir :
delicadeza inesperada ou inventada
digressão : manadas se movendo
em filme velho e você se movendo nova
e algo que deseja sugá-la em definitivo
para suas garras douradas : muito insuficiente : muito
entretanto : e ser você de certa forma numa arte : o vazio
não é ameaça : estilo de vida ou morte.

por favor, sussurre

> *i shall whisper*
> *heavenly labials in a world of gutturals.*
> *it will undo him.*
> "the plot against the giant", wallace stevens

por favor ouvidos
em obras por favor
sussurre

sim use sua voz
de veludo invadindo
docemente

o labirinto convoluto
e sem volta por favor
carícia

contra sentido
sereias de cetim
por favor venham

a mim

sussurrem por
favor.

hymnoi

> *aujourd'hui, ce qui ne vaut pas la peine d'être dit, on le chante*
> beaumarchais, *le barbier de seville*

I

aperta o cinto, pisa fundo,
        a boa vida passará
em 1 segundo. grande crono,
        velho corno:
antigo engodo algum
de onde píndaro
pendia ou implorava
sua paga;
lavo a musa como corça,
        com faíscas e canções
de meus pneus [para o alto
        e avante]:
quem quiser ser vencedor,
        que calce minhas botas,
minha arte,
        antes que,
é evidente,
haja mais de mim, como de um deus,
        por toda parte

II

dos menelaus levou
os leitos, uma virgem em suas asas,
mil éguas incansáveis

e guris em pouco tempo
se atiçavam;
que virtude então teriam
antes da tumba? —
batem bola numa várzea
desgramada,
nos torneios onde, após,
três dedos dão mil dribles
de mil dólares,
toque rápido, e sentindo
o mel de alguns milhões,
dão chapéu nesta miséria

III

voz de esquinas e bibocas,
metálica na máquina idiota:
bem supremo
o ser mortal
       de tão porca melodia;
glorioso meio hino de lampejo
       no quintal: um deus alegre
protege sua prece
       a implorar celebridade,
matraca de concurso
de discurso
de jornal;
       não larga a isca que lhe deu
a mão risonha
em meio às nuvens:

a chave da cidade,
sobre um burro,
o animal

IV

num garfo vê tridente
entre outras coisas
um vidente;
à beira de alva praia
se confunde, "será vênus
ou tritão",
uma vulva ou
grande arpão; dado
de aposta, sabe o vento com saliva
        no seu dedo,
                búzios ou brinquedos
o levam oportuno a miami;
neste mau "porvir azedo",
        um casado, outro morto,
"sei dizer, quando me deito",
        pois depois um livro inteiro
psicoimportado,
        "dois ou três, verdade mesmo,
sofrem acidente ou feio dano
        neste ano
danado",
        quod scripsi, sempre a esmo

V

do monte pó e com rajadas
soberano; glória aguda
como o morro de onde mata
      e quer a morte amante;
belo enfeite as dez correntes
      de ouro x quilates
reluzindo na metranca
sobre o ombro calejado.
quem o ouve diz que é como
      júpiter à noite: caem
raios — todos falsos —,
      mas fulminam

VI

tânatos te teve em tetas,
      distintivo: detectando, delegavas,
uma senha pro banquete
      ou pro boquete;
aquece ao sol à tarde
      a boca rubra da sereia
que berra como louca no capô
      a noite inteira:
éter, porre de sujeira,
      vai com calma, coração!
cruzar dois ossos na caveira
—eloqüente, a velha lei— e
      me passa a escarradeira

VII

acocorada de tão
        flamante coma
                desdourada,
grande olympia
        se banhava: tem o cetro
de sua casa, mas colhia só galinhas
no espelho arredondado:

que fascínio festejar?
        que espora
                põe o corpo a se lembrar
da antiga chipre?

olhos glaucos,
        para homens e crianças;
louça à tarde,
insônia, noites frias,
pratos quentes
        e palavras
                e palavras,
como a cara
amorphophallus acabando no quintal;

agora cala quando sobe
em um sorriso,
                eis adônis,
nada mau

breve manual do prestidigitador

que a vida não se agarra como a um corpo
e desliza logo onde é suave,
dizem sempre: *é como um sopro*
    e surgem
indícios onde plantam casas,
    dentro e fora.

que alguém lhe aplique cores,
    como a um quadro,
é sempre certo: alguns um rio, outros deserto.
sempre dizem com palavras
    que, por folhas,
já se abrem muito verdes,
    amarelam e logo
    caem.

eles trazem muitos jogos,
mesas, cartas e no chão
    dispõem os dados:
o que compram é cartão
e nunca resta; uma fresta: a ocasião
inventa roda onde há aresta.

eles têm bolsos e compassos,
    medem o medo com tijolos
e os nomes movem deuses
em florestas já vazias;

    quem e por que lhe deu o que lhe é dado
? o indiferente filho de homem só,
       o acaso.

    sob as sombras há quem ria,
pernas doces da alegria; este é o passo
mais difícil: virem todos
               pra outro lado.

intervalos

pequenas, as mentiras
da sinceridade,
delicadas, impedem futuro
pavor de pessoas feridas.

pequenas, as crônicas
dores das estratégias
de sobrevivência em sociedade,
alegrias casuais sem alarde.

pequenos incômodos
entre duas verdades,
como vestir lã inglesa, aquecido,
e os punhos coçarem.

eu teria um banjo

cuidadoso, você se manteve limpo:
essas ondas que vêm quebrar à praia
nem mesmo respingaram-lhe as canelas;
não é cômoda ou fácil, como dizem,
essa limpeza: uma gota nos agarra
esgoto abaixo. pensavam que eu fosse
impecável como você, prático da medida,
sem a atração do abismo, ou dentes caninos.

mas eu observo com ternura selvagem,
a de velho mendigo de rua, levando
imundícies consigo: ainda encontro,
por vezes, meus monstros encardidos.
mordem pra valer, ou, às vezes — pano
e água —, sob a sujeira eu acho um anjo.
você tem um sorriso bom, melancólico,
sem rancor de seus limites. eu teria um banjo.

cui j'amoie et cui j'ain

as cadeiras afundam na areia molhada.

quem trouxe o mar a esta memória? gasta,
antigo cromo, ou vivo banho de luz solar sobre o murmúrio,
desafio de ondas estalando;
dizia a mim mesmo:
                por que
vazio de entusiasmo? nada mais me move
        ou às estrelas
           (cadeiras enterradas no sol que se derrama),
mas dentro, semente de planta que se reinventa
quando morta no fruto doce,
que se enfolha verde novamente
como ondas dia e noite à beira-mar,
o rugoso banco de cimento fincado
                na corrosão do ferro ao vento

        correr como montando o ar: ver, quem pode, os pés,
luz viva, quando você ficaria aqui,
para sempre e veloz de vida ainda,
sempre?
        glória viva que se deita macia e móvel como o amor,
morena e jovem, sólida e suave
e a voz doce musical
lamento de leite e rosas sobre mármore de banheira;
        nem mármore, nem amor, nada mais do que esta voz.

a mentira da beleza e a armadilha dos sentidos,

novamente eles te enganam,
como os velhos vinham
      certos de que a flor diria tudo que tem fim e força:
nua em meias negras ela se acetina sem jeito pelos corredores
dos olhos, pelos tacos soltos e ambarados,
pelo assoalho de madeira leve, pela pobreza
cinzenta dos dias de chaminé, da padaria antiga lá fora.

ela outra pede não o amor agora, mas uma história
nos olhos de verde citrino, ambarados,
semicerrados num sonho de sutil murmúrio
felino.
      estar aqui e lá,
no fogo de cabelos vermelhos e espessos,
diante dos olhos escuros do mistério,
diante da janela no inverno, baça do hálito
      gélido da luz, do espelho redondo, dos seios
grandes velados de cuidadosa lã e então revelados,
do respeito quente de minhas mãos.
      nua, dançava para mim:
      níveos seios nus,
            cabelos negros,
            pálpebras inferiores um pouco erguidas,
                sempre, como em prazer sempre

e amigos deste traço venusino,
onde se põe um chapéu e sorri num cumprimento,
o calor intenso do corpo cozinha mal os humores,
      preso sempre
na volta de uma pergunta
entre os tristes e os felizes

      que o conhecem, abraço gasto
mas eterno, diante das ilhargas aquáticas amplas do oceano
que canta além das cadeiras submersas uma canção vermelha no
   horizonte.

a quem amei e amo,
podem não ter certeza canção meu coração
                         jamais é falso ou fútil

desfaz de dentro

o cimento da ternura não compõe
com a vida, com a fluida essência
de sua forma.
    matéria dura, ternura, impõe
sua aposta impiedosa, a duração: sua presença
inescapável, sem contorno,
nos deforma.
    que se nos dá mais do que dor,
        ainda nos desfaz de dentro, tormento,
gota a gota,
de permanência, onde tudo o mais
    se esgota.

a velha história

eles estão todos velhos

[eu, sobretudo perplexo]

já estão velhos quando jovens,
comem sua comida industrial, ouvem
falsas notícias que acabam de sair na máquina
dos velhos comunicadores em conserva

adoecem com o trabalho,
acreditam no amor medieval da igreja
e fingem acreditar no dos trovadores, sem ter lido
a bíblia ou os trovadores

encomendam filhos à cegonha
ou à lebre e nascem mais e mais crianças
para a interrogação
a que não sabem responder
com pergunta melhor

estão velhos e sorrindo
da piedade que o mundo mau
— condescendente todavia —
lhes concedeu de agasalho, dinheiro
comida e companhia

há os medrosos

[eu, sobretudo disperso]

velhos, jovens e precipitados, eles temem e tremem,
criam confortos presos em correntes
para não fugir, catálogos prévios de eu
e você, de como e o quê
perder

um brinquedo que acionem
e lhes faça a todos as vontades

guardam os outros em caixas
para sair no dia de presentes ou para encantar
uma noite especialmente morta
ou um amor já murcho, em forma de mero calor de cobertores

sentam-se sobre a vida e olham as folhas
amarelando, essas folhas tolas de vida curta
que amarelam e caem: por que se mover?
ou por que em nome de deus não ficar quieto
e sossegar de uma vez por todas?
te perguntam

[eu, sobretudo submerso]

o homem bom

> *perseverar pela esperança em que ele crera:*
> *coragem num homem. o covarde desespera.*
> eurípides. anfitrion em *hércules*

deus como é mau
o homem que não é bom

vejo solidário
sorridente o homem bom

sem vaidade ele conhece
o que é preciso

tem calma e sua voz
sem picos de emoção

gentil, também sem luvas
você pode contar com o homem bom

a violência é uma injúria
se posta perto dele

o homem bom a quem
desejo não escraviza
a quem a vida retribui
com presentes de constância

mesmo a dor acolhe
íntegro
e responde em pouco tempo
com mais vida

como invejo esse
excelente e imbatível
homem frágil

o que fazer da ironia
dom indócil
de perjuro distúrbio

senão vergonha
e farelos

quando monstro infantil
se posto frente
ao inocente
homem bom?

para edson de barros villa, in memoriam

vergonha

velhas palavras de doces à mesa, curtos
abraços apertados, tanto afeto. roseira
enlaça paredes, tinta velha e musgo vivo:
nós nos damos aos outros liqüidamente.

nos entregamos em pele, no pulso do peito,
nos espinhos que coroam a cabeça torta,
no olhar que penetra indiscreto [sem escolha
sobre ser indiscreto]. composto equilíbrio,

desvelo, coerência, nos custa o ser inteiro,
e não poroso, ser um rosto e não disfarce:
sem a perícia do cristal, mãos inexpertas,
de partir, da iminência cinza desse medo,

desse mundo que não queima e vira pó [e
outro mundo após], desse mundo sempre
aquecido de constância e saber, e o terror
é o acrobata em risco de cair, é o raio cego

que corta em dois o azul, nuvens fechando
o semblante do céu, esse assassino de segredos.
nós temos joelhos e visão interna, temos amor
entornado do jarro delicado que se quebra.

temos vergonha. temos um dia que se encerra.

orfeu desfaz a lira

os dedos da mente
        não apertam mais forte
que os dedos da mão

ao virar as costas eu
partia a lira e arrancava
        suas cordas   custava o meu dom

dedos tesos em corda arrebentando
um ruído que derruba
nuvens e montanhas

        abre fendas
                no oceano

panteras fugindo de horror
        recuam as patas e a cauda
entre as patas

        e o olho

        prata no escuro

tudo partido
        meus sons
sem sentido

diante da madrugada:

o quanto perdi

                cantando

se pudesse vestir a noite
como um manto
            apagar as estrelas   e a injúria do brilho, onde fosse

livrar-se

livros se enfurecem, luxuriosos obedecem
ao princípio bíblico e se multiplicam,
tomam a cama, que restava, e me desalojam

    / estou observando a invasão
a ruiva de cabelo espesso e olhar cinzento
    me observa nos olhos
também é atenta
    e me acalma
ela é a tradução física de alguns oboés em ação
e me acalma
bela ruiva, onça humana, ouça esta oração /

vultos de ambígua beleza recobrem o monte de lixo
que a vida idiota larga à minha porta
pedindo minha transformação alquímica

sonhos acordados, sonhos com pernas, sonhos vivos,
sólidos euclidianos, não menos sonhos

    e sou um deles

psicopata superstar

15 minutos gravados a bala no *american dream*,
injetado no sorriso da síndrome de estocolmo:
facas na sombra, forcas no teto, sangue no ralo,
eddie; fitas na juba, mandy; mãos nos ouvidos.

perfil fotográfico dos brancos bonzinhos com cara
de pôster, das boas meninas amáveis *cheerleaders*
de saia e meia calibre três quartos de ação de graça,
e o peitudo peru mutilado na casa do estupro,

nos gordos bigodes do médio papai na poltrona:
a corte decide te amar, o público compra o teu corpo,
te beija na boca e estica o pescoço e te diz *inocente*
e protege o teu choro com riso, teus cães que têm sede

de sangue: chupam sorvetes vermelhos, enxugam
em toalha banheiros e cobrem o corpo com baba.
penduram seus brincos na carne da orelha, o martírio
de todo metal, vermelho grudento agradável de gozo.

o gato de schrödinger

vivo *ou* morto — como num pôster daqueles procurados no velho oeste — o gato é imaginariamente preso ao experimento de lógica talvez radiativo e mortal, contra o dito *paradoxo* de estar vivo & morto ao mesmo tempo. schrödinger observa de dentro da jaula de seu pensamento o gato dentro de sua jaula de teste, escolhe se está vivo ou morto; schrödinger ignora as sete vidas, se aborrece com esses tolos que argumentam o notável disparate. enquanto schrödinger inventa seu gato estúpido e impotente, a caixa se fecha, escura como a morte, e em copenhagen souberam nessa morte dois pontos fosfóreos sempre acesos.

a invenção da tolerância

tous les hommes sont frères

puseram-lhe a peruca espargindo talco em pó,
apertaram o redingote de brocados
e lhe calçaram um *soulier à boucle* delicado.

pronto e com os braços já cruzados
na altura da cintura em suas costas,
olhou pela janela com os livros que já lera,
alguns deles em latim, para respostas.

"sábios hindus banhando-se no ganges,
a cerimônia japonesa serve o chá civilizado,
notável a cabala do judeu em letra e dígito,
medicina e armas maometanas, o outro lado:

vejo tudo do jardim com essas plantas
divididas em harmonia, e com razão.

eu firmo agora os pés nesse universo,
eu domo a vida com a guerra, a régua e o comércio
e cedo a todo estranho essa palavra, um novo berço".

gertrude stein penteia pétain

dou-me à frança
dou a minha pessoa como prenda à frança para atenuar seu infortúnio
    para ajudá-la a sair de
      de tudo de mim eu mesmo enfraquecer sua infelicidade
      infortúnio
dou tudo de mim como presente à frança para atenuar
    a mim eu mesmo a diminuir seu infortúnio
    suavizar
    aliviar
    acalmá-la em seu apuro
eu agora faço um presente à frança de mim mesmo para fortalecê-la
    em seu infortúnio dificuldade aflição.
eu dedico o todo de mim mesmo ao país [rança para
    aplacar sua aflição agonia.

eu dedico tudo de mim à frança para aplacar sua agonia.

TELEGRAMA NO FRONT CONTRA A ESTUPIDEZ

355
você insiste STOP é inútil STOP sutileza? eles são muitos STOP

não há hipótese de vitória STOP leia heródoto END

[encouraçados]

o grande poeta visual
            instalou um zíper na boca

[abri-lo até às orelhas
            isso apenas
se as pessoas certas tropeçam &
            rolam escada abaixo]

parodiado
      por um desafeto
           que trocou nariz por maçaneta
e nela pendurou

        DO NOT DISTURB

pague a sopa. faça um forte. taque fogo.

homem-sangue
        pura tinta e
tão inteiro
        nenhum contracheque
nenhum   deus
        em ditados
de dormir

quando
cheios
os chiqueiros deste mundo
        te entenderam?
te entenderam
        caro
                querido
                        nevoeiro?
apanha-gravetos
        bolsos semeados
de segredos
        seu sorriso
sempre sério
        ameaça
o esporte
        da inação

saltar por sobre
        escolhos quando cães
te perseguem, ó

    pássaro
      você
impassível
   se apresenta
escovando
   escombros
de seus ombros
    quando os outros
uvas passas
   são sombras
inventários
   de desgraças
você vive
   ó vadio
ó veneno em
   voz alta
     grande
agressor
   dos gorros
dos
gananciosos
   a inveja rói
a barra
   da sua bata
mas como
   quem bate
     pó
      escova
escombros
   de seus ombros
quem sabe

             abrir as asas,
                          homem-sangue?
quem te ataca,
          nós sabemos,
                      se consome.

retrato de rodrigo lobo damasceno

caixa oval   silêncio se amplifica
duas tubulações flexíveis
três estágios
        aloja envolve fecha
reservatório auxiliar

atravessam noventa nuvens
umas sobre as outras

pistões
        momentaneamente
extraem o ar eficiente

        moto-perpétuo
fugindo da retina
        a retirar força contrária

        motor atmosfeérico
capta a força da pressão
        complexa exata
só um tanque de vácuo
        não percebe

london sketchbook

em londres, onde à noite
ouço só o salto do sapato
na calçada da curta cecil court,
uma sombra, eu mesmo
me movendo
a esmo: fantasma
sem pouso, e as golas altas
do casaco me aquecem
pescoço e orelhas
quando canta na esquina
o vento norte em nós
sibilinos de neve
direto no rosto;
empurro a porta
a um pub e peço *a pint*
of old speckled hen.
mas em casa, cristo, a calefação
de metal, puro gelo, esquento
as mãos contra o fogão,
fritando alho
na manteiga, dois ovos,
queijo, ervas,
cogumelos.

dezembro, 2010

cena de trenós em greenwich

pessoas sobem o monte nevado de greenwich
e descem em trenós de plástico.

os olhos de brueghel estavam corretos, é claro;
e escuro: é branco sem cinza,
é preto em pontos no espesso impassível do branco:

o plástico corta o gelo,
raspando bem seco nas costas do monte;
frenéticos descem
garotos garotas gritando, a garganta
de som decrescendo à distância
ao silêncio de nuvem da neve envolvendo os trenós.

gelo, o ar sem sono e duro do inverno,
corta o rosto e espreme os pulmões,
azorrague com finos cristais
que duendes agitam neste hemisfério
contra formigas no creme.

geografias

prédios fundos. garagens, janelas
das ruas no frio, tijolos à mostra,
pessoas na cozinha com fósforos
criam calor e silêncio

calçar botas que pensam no mundo
com solas. ramos arranham janelas,
palavras condensam no ar
como um poema chinês.

seu corpo em minhas mãos,
um caminho ao fogo do exercício,
nossos corações e nossas bocas
— um coro de crianças, lá fora.

escurecendo, escuto

john keats, o cofre de seu peito
ardia na itália, solitário:
      que sabiam então
tantos tolos do seu verso feito
de fino & de flor,
do rosto diante de pálidas estrelas
no vidro de um jardim
      de inverno?
      que saberiam os que nada sabem
do amor?
o segredo de uma página
quieta entre as capas de cartão,
      ou viva nos lábios
      a que as letras serviam, &, assim,
a chave? a chave desse peito jovem,
desgastado de dia, distância,
que o silêncio celebrava, urdido ardor
legando, elegante,
      a cifra de mil sonhos ao futuro.

transístores

e estamos livres

inspiro o ar divino de sua boca
e o crime está consumado   *hoc crimen est*   ninguém vai fugir
como numa catástrofe onde todos
perecem
        sob deus que aprecia nossa humana
persistência

saias sopradas saltos estalam
sapatos com presilha no tornozelo
        um império de lindos tornozelos

seu momento amargo seus sentidos invadindo a bastilha enfim
14 juillet soprem as trombetas para a invasão;

não?

nos entretemos com uma conversa jogo-de-xadrez
enquanto você cruza e descruza as pernas trapaceando
para ver quem se perturba primeiro

madrugada
onde a trapaça deixou suas saias?
talvez na tv e nunca mais precisaremos
        de velhos transístores: sempre indecisos
como sinapses sob propaganda de bebida onde flutuam
uns idiotas suados que sorriem

sorria também,
você está sendo informado do despejo
de suas belas idéias sujas

mais/menos/medida

por amar as pessoas é indecente
a minha crueldade injusta e rude
comigo mesmo, inóspito de amor.
e me comovo de uma comoção
máquina de tortura aguda, interior.
quem saboreia uma solidão
perfumada e oleosa: um presente
de toucador essa fuga necessária,
de espanto quieto, impessoal.
fuga não da vida, dos malvivos,
não do caos, mas da desordem
e da tristeza que com seus duros fios
amarram as bocas que ainda mordem.

isto

cansado disto tudo
você gostaria de ser capaz de cantar
erbarme dich mein gott até a voz lhe faltar:
o mundo é de fato uma ilusão,
advertida por religiões e filósofos igualmente,
todos certos; os frustrados,
os sem ânimo, aqueles que se gastam como seixos
rolando rio abaixo; todos certos;
e no entanto *isto*, e isto não tem nome,
nem poetas o disseram ou dirão, incessantes
sobre o assunto, nem há palavra ou conjuntos
de palavras a dizer para enfim
amenizar o inominável que arrepia
toda a espinha, traz lágrimas aos olhos
e nos fornece estranha, desejada solidão em pleno dia.

fogo espontâneo

       queima minha garganta
o golpe invisível
de sua distância
       oprime o ar
em meu peito e espalha
miséria
nos meus dias

       devora meu coração
o voraz apetite
de sua memória
       involuntária
em mim

esmaga minha mente
a opressiva presença
de sua ausência
       em toda parte onde ponho
meus olhos
fatigados da doçura
amarga
       de ver você onde não a vêem

caixas vazias

porque a morte é só morte,
vazia e sem graça, não pobre nem rica,
avessa a toda sorte: inglória miséria,
subtração sem números, inútil
prova do fim, mínima tolice irônica
que nos olha nos olhos sem sorrir.

motum perpetuum

os mortos estão todos errados:
deus os devorou osso a osso,
membrana a membrana, e metafísica.

e os homens se devoram, não
homo homini lupus, mas
no destino sorrindo detrás de cortinas
com alçapões: e os homens
acham que é palco o cadafalso,
os tolos concluem que é enfeite
este laço, e salto esta queda.

os mortos erraram e sorriem,
emboscados sob a terra,
ironia obscura de não ser,
mas docilmente se aplicar
em ter raízes entre os dentes.

belas pedras com dizeres,
um feitiço de lembrança,
souvenir de tanto atrito,
agora que este nada é um maremoto.

armazém de emoções passadas

(feche as portas ao sair)

] este é o tédio morno e desbotado
que estamos atravessando a nado
inútil ser covarde
pôr bandagens nas feridas que reabrem
o sol sobre as coisas velhas em silêncio
gasta pobríssimo o seu ouro
com tolos: bizâncio [

ersatz

balões sobem no céu, da tarde escurecendo.
luzes; sentindo a brisa, eu, solitário,
não olho mais para o alto, não suporto o que me ocorre.
meu terror agora é o de que a memória
não retenha as coisas inteiras o bastante.
e eu me agarro a elas como se,
de outra forma, me afogasse em esquecimento
de tudo o que me é tão precioso.
odeio o mundo que amo, porque é passageiro,
e cobra de mim força e desapego que não tenho
ou quero ter. e escrevo versos, e peço
que sejam tão exatos a ponto de guardar
tudo que é tesouro e não vai mais voltar.

poema perplexo

malas gastas de rodar
por amor este mundo
estou em pé em paris
diante de uma janela
que dá pra outras janelas
de um jardim cercado
de centro redondo e quatro
partes de verde com canteiros
paredes de tijolo pardo:

telhados cinzentos, chaminés
contra o branco cinzento do céu
tudo desolado como espelho
de mim mesmo agora
o silêncio é meu amigo
e me acolhe com calor
de um grande abraço fraternal

o amor é também essa farsa
se desfaz em mil pedaços
de trapaças e fracasso
botas velhas, café negro
uma ferida e o vazio
que bebo amargo:
da porta ao lado escuto
o choro de um moleque
que a mãe grita: *alors!*
tu te couches! quem me dera.

essa cratera no peito,
o amor que foi não era,
que vazio, e como tudo
se repete, ou sou eu mesmo
agora inconsolável
o sismógrafo do leito?

no *deuxième étage* um cara esfrega
a lixa nos degraus
vejo a raspa uma fumaça
brilhando prateada
na janela de luz baça
sugerindo a magia do mistério

eu, cronista exausto do
do amor físico, e do amor
tão delicado, mente cúmplice:
ils sont tous dans la poubelle

ponho o chapéu como o infinito
a arte toda nos degraus
mas a resposta me escapa

assino o poema perplexo
puxo as abas do casaco
e aguardo nesta escada
o final de mais um ato.

o sentido da vida

longas pontes altas como um aqueduto romano
não levam a lugar algum
mas uma locomotiva saltando de dentro
de um relógio
        ou as franjas cristalinas mar-movendo
        finalmente entre os dedos dos pés sim

não se passa um laço nos dias
florista num buquê de flores
que não pergunta se para um enterro ou uma garota
e aperta o papel colorido e o plástico
como a gravata a garganta

                e quando sentirem nesse momento ideal
angústia a solidão de corpo de barro cozido
prestes a se partir e ir de volta ao molde
        segurem os chapéus senhoras e senhores

nós não

não fizemos os seus
olhos
nem a pedra viva
das estátuas
não fizemos as estrelas
escassas desta madrugada
nem o pó cinzento que enevoa
a estrada
        nesta noite
não fizemos as lágrimas
a se chorar por estas vias
nem as memórias
nuas
nós não fizemos o que
povoa
sua dor, nós
        não fizemos nada

respondendo à hipótese do vazio

se nunca mais repleto o mundo
— dentro de nós, apenas — cantar
em cada esquina, cada luz solar,
inundação no riso, brilho em pele,
prestes mesmo ao nada exorbitante,
espelho de conflitos puro, raro
de reflexo, rente de célula a célula
não mais que grito em cacos, dê
um passo atrás saindo à sombra
e eis o sol: se agora queima a cútis,
ou se por mera aurora ainda avaro,
fique. desça a cortina dos olhos,
a fricção gentil de mão a mão. tão sós,
nos cumpre sempre descobrir o sol.

party people

para a lady incentivo

dois entre litros
onça líquida
de perfumes importados
de garotas
e rapazes descolados

guitarras 15 minutos
corroendo ouvidos alegres
varrendo ventiladores

indicador me convida
aonde touros trepam
em touros dourados
montados um no outro

vodca corroendo o gelo
e a laranja alegres
como falam uns com outros
quando 4 andares tremem
trovões elétricos &
gritos & sussurros?

a crise européia estraga programas
de transexuais brasileiras
400 euros nos anos 90
agora só 50 lá em ímola

me diz uma
dizendo agora
diretora de escola
e mais sábia do que sabe
a sola
dos nossos
sapatos viajados

artistas
somos outra coisa
pensamos
do que aqueles artistas
dessa merda de revista

poliuretano livros ocos
já rasgados e pintados
por um rosto registrado
na república
dos bacanas

a praça cheia de mendigos
ouve a sua voz
marte o planeta vermelho
a *utopia planitia* ouve
a sua voz

fios de kirschner
gaze e ataduras
a vida quebra uns ossos
mas resiste
matéria dura

há robôs no deserto
rostos descobertos
com crateras à distância
a inconstância do amor
e o casamento
nas cartas do tarô

unhappy mondays

paralisante, o pânico da segunda-feira,
quando as rodas estão de novo queimando
ao ar livre, quando cadeiras agarram pessoas
e as contas todas devem ser feitas.
paralisante, e a segunda-feira chama soldados
da ordem para pôr tudo nos eixos
e pessoas nos ônibus, nos metrôs, nos prédios,
todos com dentes rangendo e pedindo
remédios que fixem o pulso e a atenção,
que consertem o sono e a digestão.
é paralisante e impossível assim, é melhor
ficar em casa e fingir que nada aconteceu.
felizes, as igrejas batizam a segunda-feira
de segundas intenções, orgias todas estagnadas
no estupor de ter de acordar e se esconder,
mero dever de casa entre quatro paredes mudas
ou sussurrantes, e a ironia cruel dos pássaros
que não têm calendários nem revólveres

lyra aragonesa: refram de junho

que entenda, poys meu cantar oyr,
o que non posso nen lh'ouso a dizer.
martim moya

sim amor me faz
bem mal,
me esmaga;
torna o riso em luto,
fecha o peito
em punho
e colhe a dor do cravo
no amável
mês de junho.

[se então tal mal me vem
eu, tolo,
não posso viver sem.
sábio é ser o sol tão certo:
deserto só
& desolação?
e se aquele é o preço
que pago,
muito em mim perece:
um grande estrago
no brio
que bem o merece.]

um tal fervor dá cinzas, frio,
e só vazio ao vento;

e então a flecha arde
unguento
que põe no peito alarde:
torna o riso
em luto,
todo tempo é
tarde,
o dia dói doente,
a vida, só ras
cunho
no amável mês
de junho.

a técnica dos 4 pontos

talvez agora sorridente a *felicidade*
possa se manifestar, você pensa;
é um gesto de fé, mas, cansado,
você supera essa vergonha;

talvez agora não seja tola a palavra,
a inocente, a incerta: *esperança;*
talvez madura não se acanhe
e faça à velha mão os traços novos;

talvez a força dos esforços possa
imprimir-se nesse véu finíssimo
a que chamamos, desolados, *realidade;*
talvez tudo tenha, enfim, um sentido;

talvez ninguém devesse confessá-lo,
pois já a hipótese anima os corvos;
mas dizer costuma ser tarefa de outro,
essa, que foi sempre a sua *dádiva.*

crítica

aliso a parede com a espátula,
retiro a velha tinta estufada de umidade,
lixo a parede em movimentos circulares,
o chão cobre-se de escamas finas, secas,
passo uma demão de tinta
em gestos largos; espero secar,
aplico outra. cuidadoso e sem rolo, enfim:
fino pincel que retoca ângulos e extremidades.

hintergedanke

pesados carrilhões desbotam a paisagem
velhinhas sem pressa alguma e com talões de cheque
em caixas de supermercado
                cães sem aldrava no passeio público
                e flores cantam
seu fedor adocicado em honras fúnebres
por todo lado
mapas de mofo na parede do quarto
arreganham as presas assim que
se apaga a luz
                e a noite tem carros
rugindo no ventilador ligado
contra os dedos verdes do jardim
que surgem sob a porta, que movem maçanetas

travas que se movem em gargalhadas
moscas zumbindo seus mil olhos no açúcar

                rezar ao sol de aço
                recolher-se quando deus menstrua

moinhos

pendem sacos de estopa
com tipos de farinha. a madeira estala
e range, e vale ouvir o vinho
sair da jarra para o copo: encarnado,
é mais que sangue, é mais que fogo,
      arde, suave.
na aurora, ao levantar-se, o corpo
estala e range, se espreguiça
      e diz: "o dia";
boa madeira entalhada: o corpo.
puxa as cordas, roldanas obedecem,
é bom o simples, mau, o só.
num canto escuro, ele-quem-canta
se isola, não vê mesa, não vê
      planta, pouso,
nada. e sequer fala, é detestável
e não presta: está doente, o indiferente.
impossível, como sempre,
no entreato *céu & terra*, em quem
mulheres passam, provam
      dele o que perdeu.
ninguém sabe o sabor do silêncio
que aprendeu, quando importante
      a palavra.
azul toscano contra o tijolo e o
ocre de parede, pedra e pão.
a farinha se retesa ao fogo, queima
o grão, tudo se agrega na palavra;

   as cores do caminho
sob as rodas da mente, movimentam
um veneno de saber e prazer, conto
de fúria e tolice, um segredo de curar
   feridas dentro.
pisar o limo, ouvir o carvalho, as moscas
contra a cauda do cavalo, carroças
rodando sobre o verde,
parceiras de setas numa aljava: sem ele,
   ninguém lembrava.

nós, os mentirosos

os dedos de ambas as mãos como em argamassa
ou mesmo em bronze convertidos pedem, imploram
sob a voz uma crença, um *sicut,* um *amen,* etc.
tramam o terror na toalha quadriculada,
apontam os lápis com estiletes, como armas.
mas a delicadeza dos verdadeiros gestos falsos
comove:

   há os que mentem em proveito
próprio, os que mentem por amor, os mentirosos
da malícia ou da miséria; os alegres mentirosos
da invenção hipnotizam a dor em prazer,
sopram flores refeitas das pétalas perdidas,
cantam o suplício dos dias com doçura.

   a mentira me ama e acaricia; a mentira, minha dama,
minha droga, me dá mil vezes mais
do que lhe dou: dança demorada, dourada
de prazer e vida, como amante nua que diz
que lhe quer agora para sempre e nunca mais,
lhe dá e lhe deixa para depois voltar
como mau hábito renovando o ardor
em dias mornos, de caneta em calendário.

   cultivar a invenção de viver, e inventar
planos e mapas de um lugar a conhecer;
os mentirosos são mais que humanos, ou menos,
se mesquinhos. mas mentira, se arte, escreve sobre
a convenção como, num papel, a invisível tinta de limão:
quem lê a vida sempre ao fogo, e que o fogo a leve.

die steinblume

para ivh

fina contradição agridoce
mas cheia de tanto poder

um *steinmetzmeister* pode
impor feitiço à forma
indócil dessa dureza
envolvê-la na magia
de uma seda viva onde
intui-se a cor de flama
no fluido fel do contorno
com o peso de sua dor

passo frente à pedraria
em bergmannstrasse e
lembro que o amor agora vem
tão flor ao meu encontro
e seu sorriso é uma senha
daquela luta toda interna
flor cansada de ser pedra
flor que é pedra novamente.

extrato/aviso para simples verificação:
[o sistema dos abjetos]

como ler isso tão enfadonho, picotes
mais traços que picotes
                         gráficos
planilhas
       gaiola de papel & tinta
            dígitos impressos
puro jargão de rotina, pura massa
de números inertes
              puro código insalubre
de dejetos da cloaca
dos terminais dos caixas dos prédios de escritórios
de divisas de plástico de alumínio
                tudo inóspito

extrato são tomates amassados numa pasta
aviso é uma ameaça veladíssima

                    e *simples:*
nada é simples, tudo é sempre
      uma dobra
de duas ou três coisas que se dobram sobre si:
        simples é apenas não saber o complicado

     esteja notificado

juno

pessoas com análises
de mercado em mãos
a escala de thurstone no metrô
— casa e provisão —

as eríneas com línguas de fogo
nos ouvidos do colérico ares

e oikós novo deus
com cara de porco
atende a preces por mera comodidade
no colo da deusa suscetível do lar.

chute no traseiro

cansado de pisar e de ser pisoteado
em meio às minhas aventuras,
tive certa noite um pesadelo
pra acabar de vez com essas frescuras:

era amor que me chutava no traseiro,
rindo e apontando o meu tinteiro;
aguento flecha, choro, rilhar de dentes,
mas isso eu te digo: não há quem aguente:

"amor, filho da puta, que diabos?"
e o moleque nem aí, limpando as unhas
e o espaço entre os dentes;

e com olhar pênsil de fodaz enfado:
"não me amola, que bocejo,
vocês humanos vendem a alma por um beijo".

após uma conversa com obstáculos

deus, a burrice é um dom,
e eis que a natureza ou o senhor
(ou a senhora, ou ambos, ou
ainda o acaso: é difícil essa parte)
deu a idiotice ao mundo.

não sabemos bem o que dizer.

honestamente, eu suponho
(outros também, é verdade)
que isso se chame *ironia*,
aquela figura de linguagem
que passa a perna em todos
sem sequer a exceção daqueles que riem.

ch'affillava i dardi

diante da porta, e ela trazia uma caixa de papelão
com agriões, alface, pão italiano e garrafa de bom
vinho chileno; tomei a caixa de seus braços fortes,
esguios, pedi que entrasse,
ficasse à vontade, enquanto tirava as partes
desta ceia sobre a pia da cozinha. tirou o casaco,
que pus junto à janela com almofadas, quando espiou
o vão enorme do andar alto, dizendo
não vou olhar para baixo; vozes ainda ecoavam
nas conversas, na voz de caixa da tv; na cozinha,
onde fica a travessa de salada? logo acima,
nos armários da despensa, abri por detrás dela,
que cortava os agriões; tomei a tábua
e a faca dentada foi rompendo a casca crocante
do pão; engenhoso saca-rolhas, veio o vinho, bom rubi,
espesso na cor & galhardo ao palato, & ríamos quando
inclinou sua cabeça, cabelos da cor de trigo maduro,
pondo em mim olhar esmeraldino, beijo leve de seus lábios.

pretérito perfeito

> *you have to learn to live with a strange new reality*
> brian o'blivion

até o complexo r   o núcleo duro   o cerebelo
despertarem o velho e bom réptil
lhe diremos quando deverá cortar o cabelo
ou os pulsos   quando aplaudir na platéia
leitor de notícias
indignas de nota, pretérito perfeito

        como choram os operadores
        da bolsa de valores   como parecem
        os gregos diante de ésquilo
        em seu pavor mas sem piedade   perder tudo
        talões de cheque   cartão de crédito
        sorriso protocolar de propaganda
        de plano de saúde ou pasta de dentes
        para o branqueamento das presas

possível como   [pergunta-se]   haver
pessoas de dizeres transparentes
neste mundo de ranger de dentes
pensamentos recorrentes

o obsessivo hipocondríaco não medita
o mundo dentro e fora
tem leis que mudam a toda hora

controle

siga o meu dedo com os olhos
abaixe a língua o quanto puder
relaxe os joelhos quando eu bater

você mesmo

        quem gira a moenda?
        quem nunca desperta do sono?
        quem se encaixa no jogo de montar?

assine embaixo

        eles virão te buscar

ação

se você precisa de um norte para escrever o nome
se precisa de correnteza para o sorvedouro
se precisa de um deus para o número atômico
e de voz para o rugido ou rosas para o ferido
se você precisa de sangue para saber o que é vivo
e de vida só para saber que tudo morre
se precisa estar onde esteve para reviver o que viveu
e da flor de lótus para a iluminação
se precisa do dragão para invocar o santo
ou de muitos dólares para uma doação
se precisa de aves e cães para caçar
o que não está disposto a entender
e dar à água o peso da existência imóvel
de tudo o que apodrece porque não flui
se você precisa gastar os olhos em máquinas de luz
insensato a obedecer o grande irmão
se precisa de uma farsa para viver ou se precisa da verdade
para o mesmo fim
se precisa se cansar para concluir que fez o que pôde
ou se faz o que pode para poder dormir
se precisa dos livros como mapas ou enfeites
e se precisa se endividar para lembrar do código da natureza no
código de barras ou precisa dos gatos para presenciar o mistério
se precisa da piedade para mover o amor ou do amor
para sorver a miséria
se precisa do outro para lembrar do tempo ou da sombra
para o lugar-comum da luz
se precisa comer para esquecer ou beber para se perder

ou se envenenar para escapar ao mal-estar
na civilização se precisa agora recuperar o fôlego e precisa de ajuda
para a compreensão e se precisar é o seu verbo
conjugá-lo está fora de questão

cegueiras & visões

> *ouve então, que estás de novo*
> *em pé sobre a navalha do destino*
> tirésias em *antígone*, sófocles

oh the humanity
o repórter sem idéias de tragédia
diante da tragédia das idéias

mas nós : *nostos* :   sempre a viagem
        mesmo quando à roda deste quarto

ficino para dentro
        do secreto escuro timbre
das vogais camonianas
(como viu merquior)
        a mente que engendra
o engenho
enquanto o falador
        pigmeu literário
propagandeia sua
        obra-obituário
            e falanges se esmagam
— não deuses, heróis — subhomens otários
em armas, nem homens

        traças

nos mapas ginasiais
        e cada país de uma cor;

        não valeriam uma vírgula aos olhos
da condessa oyenhausen-gravenburg
        se entretendo à noite
com a musa que teme o dia
        e tinha nojo dos despóticos
"medo e vileza"
        conheceu mme. du staël & metastasio

sob a lâmpada de diógenes
        sentada sorrindo ao sr. pitschmann
enviado especialmente a ver e registrar
esse preciso sorriso,
        os olhos vivos e tão doces
o contorno do queixo e dos seios
a quem escape a virtude de seus versos

a condessa de vimieiro
a viscondessa de balsemão, que receia amor
        entrevistas dormindo
por olhos que pedem calor
nos corredores de silêncio do convento em chelas

excelente a sua mente
        num péssimo tempo

        qual tempo seria oportuno?
eu mesmo digo isto
mais de três séculos
        depois dela, agora mesmo, nesta folha de papel
na navalha do destino, de novo
        kurtz vê o molusco deslizar, e sobreviver

e lembro

do 21º batalhão
das duas brigadas
    dispostas em três corpos:
        sessenta cartuchos, armas, capotes
52 quilômetros a cobrir —
    que o brasileiro nunca desiste —
sem homens pra manobras
    agora impraticáveis;
sem víveres, pouca munição, peças de artilharia
    pesada — tudo se reduz
a uma só brigada
        1600 homens mal das pernas

    não sem proveito
ao tesouro público

    o império não paga sequer
300 mil réis prometidos
        que filoctetes *perdoa*
        ao país
    taunay anota
        piedoso ou irônico

antes de menelik II & dos fuzis
de rimbaud, o rapaz que amávamos
    — disse camus —
e da vaca que concordou em ceder-lhe
    "alguma palha"
            onde dormir

o que esqueceu de tudo, cego,
traindo seus dons com um cinto de ouro
e de armas, sua morte

césar apunhalado no senado
senados traiçoeiros com punhais afiados
                (*cf.* 2016 d.C.)

hécuba cegando polymnestor
os atraídos por tesouros, que as mulheres os ceguem
              em vingança

nenhum acaso na lembrança
do amor como da guerra

pausas escandindo
        este vazio em filosofia?

a fala de shamash
& a febre de enkidu

para josé francisco botelho

enkidu, és um tolo se ofendes shamhat,
prostituta que deu-te o néctar dos deuses,
que te serviu a cerveja vermelha dos reis,
que te vestiu com as cores do céu e da terra
e deu-te o amigo melhor, o belo gilgamesh:
ishtar entre na casa daquele que colhe seus dons;
o touro te olha entre a névoa do sonho,
patas leoninas com garras de harpia
te agarram os cabelos, te erguem no ar, ele te sopra
e eis que te tornas um pombo, e eis que és agora
cativo das sombras, trono de irkalla,
onde a porta é trancada na casa da areia,
onde o silêncio te mostra a mesa de enlil,
as coroas dos reis já deitados na terra,
o perfume dos pães bem cozidos, da água
tão fresca e corrente: estás na casa da areia,
diz-te o touro de asas que viste em frente ao palácio,
da porta cerúlea, e vêm dela os heróis
buscando o leão, o touro selvagem, o íbex,
a floresta de cedros onde sussurra o segredo
que ao desbastar a morte da vida burila uma jóia.

o triunfo de marcelo grassmann

qualquer carapaça: cara e pele.
olhar impassível ou cobiça se concebem,
temperados:
        aço em fogo, duro em suave.
lanças, aves, monstros que a bíblia
deu em sonhos aos flamengos,
retornam bêbados com asas
em rua escura à meia-luz, livres
        da mentira ao meio-dia.
metal se manipula em mineral,
em mãos, em massa mortal mas rígida,
mas matéria fina e maleável
        onde a morte corta cabeças, conta cadáveres;
ela também morre, agora, presa em patas
de galinhas, na donzela transparente. a morte
imóvel, presa de enigma,
        se mistura em tinta, sua armadilha.

crueldade

por já impor qualquer final
        ou ter mandíbulas duras
é que sabemos: "o mal
        se abre nessas criaturas".
alguns escrevem seu deus
        quando cavam sepulturas.
sempre os outros contra os seus:
        pregam pregos ou clemência.
piedade é pra fariseus,
        exige dor à experiência.
domam cavalos com rédeas,
        mas espora é a eloqüência
deste prazer que só conta as
        curvas com uns bons chicotes,
superfícies como pontas.
        joão batista, iscariotes
sofrem, os dois, por um beijo:
        cabeça de um no garrote,
sem corpo a outra em cortejo
        — a bandeja não oxida.
estralo de espinha, arquejo
        de carícia, esmaga a vida;
fino querer de tortura
        reúne torno e jazida.

(um garoto vê, daí fura,
        um animal na armadilha;

não sorri, mas bem fulgura:
    todo homem é uma ilha).

piedade

há a honesta espera, se preparam,
deus dá a dor, mas é só a sombra
que segue o contorno;
os sérios debatem, com vigor,
e o sono entorpece
os guardas.
                    olhos, movidos de candor,
escutam, inumanos.
três conselheiros conjugam
a face experiente, modulando.
os expulsos, sob o arco
— máscaras trágicas —, o dom
atrás de grades.
                        os doentes têm
cura; os vasos, plantas.
altares repletos, o séquito
adora o vasto pano.

katholikos

giovanni pico della mirandola,
mirandus ille iuvennis —
        no trocadilho de ficino —
reuniu 900 conclusões
para trazer paz a cinco ou seis religiões
que se matam por ter visto sua verdade,
        fantástica ilusão de ótica.

mas entre franciscanos e dominicanos em florença,
sequer trouxe paz
a 2 facções da mesma igreja, a católica —

        — do grego *katholikos*, "inteiro", "completo".

florença, julho, 2008

os indiferentes

vejo anjos e trombetas
inventados pelo esforço de limar
imperfeições;
        eles sopram com furor,
expresso mas contido,
um som que acende as chamas
em mortos que estão vivos
        para a dor

— olhos que se apertam como os corpos
que percebem punição

paz não é o propósito: noutro painel,
paulo cai da montaria
repelido pela luz — antes de adorá-la
e sentir essa atração
comum a todo amor terreno
e à luxúria dos sentidos, como ensinam os antigos
em bom paralelismo, em pia gradação

a luz são jatos em sua direção, são raios,
e o susto no seu rosto,
        o despertar
        são paredes que nos contam o sucedido,
são cores que ilustram o julgamento,
como atores que num palco
        pregam peças
uns crêem na história, outros no exemplo,
uns admiram a arte, e os indiferentes
        não montam mais cavalos

verona, junho, 2011

sum. pont.

quem não es-
tranha até às en-
tranhas
o beatífico
emburrado entre as duas
metades
do pão — a fé
o 'stado. dá-lhe deus
as duas mãos
& o quê
mais?
seu cadáver
verazmente ex-
pandindo-se/ corpo-
óstia: finito
& sem limites.
dos velhos
artelhos em artrites
aos
inchaços numa arte
heresiarca
se deve o que ouve
ou se devolve
ovo-alvo
diz-se a deus
ou
adeus
?

cristo pantocrator,
de aleppo, mestre melquita

o cristo pantocrator escavado a cor na madeira,
olhos bem arregalados, dedos em sinal de
"eu lhes direi a verdade,
não só a dos livros,
       a dos lábios",
              esperto: cabelos repartidos,
hidrocéfalo, quase como o pobre poe,
é um cristo todo cabeça, mau bizantino,
vermelho & azul, como um super-herói.

tuas palavras doces ó senhor soam &
são o ouro dos hipócritas, aleppo, *aleppe*, diria
dante, educado até os dentes, pouco amante,
       nada amado, velho político
de más escaramuças contra amigos — daí o ser sensível
aos canalhas traidores.
              o tempo, cristo, rói a tua madeira
de eternidade, a tua carne, & tornas só luz
+ dois alados contigo. teu pai não é um mendigo,
ele manda, ó pantocrator, ele dita tua oratória, ele sabe
todas as línguas — ele tem um belo rabo
              em ponta, ó melquita.

o fio dourado

e louvavam um bode
preto de bronze, e toda a virtude
que há em capricórnio, signo da terra,
hirsuto e com chifres curvados, enormes;

e louvavam a deus, catolicamente, e louvavam
vênus também sem temer a serpente
ou portões infernais, e havia a semente
e aquele que ceifa; a pedra e o cinzel; o sol
e o rio igualmente prezados, pois vida igualmente.

breve oratório: ele terá

para antonio, onde estiver

ele terá
desaparecido no inverno   quando
o que diriam os dias
                cansados da roda instável?
o limite de seus braços
            talvez encontrando
            acordo distante
no brilho encerado
do olho da noite?

sobre saber: nada sabemos
quando se diz "pó"   é dar prático ao imprevisível
        pontas ao imponderável
passos   leves   o levam agora: ele é neve

que lhe dar para semelhante
            viagem
            destino?

meu dom   apenas

o muda   em palavras
eu
            mero animal   mortal
            canto-lhe este novo nome encantado

ele o terá
eterno

a filosofia convence boécio

boécio acordou certa vez na prisão
com sanguessugas grudando na mente
partida de pranto: as *musas* do verso.
sabia chorar por mil linhas seu mal,
lacrimabilem, mesmo, *eheu* suasório
aos peitos humanos: terror, comoção.
cego a este mundo, de ouvidos repletos,
compunha seu passo pungente de som.
vendo que o aluno viciara no canto,
filosofia decide intervir, queimando
nos olhos a fúria enxuta, de luz e razão.
baniu a doçura plangente das belas
de lábios frutuosos e olhar de oceano,
para sentar o pupilo de novo na pedra
geométrica e fria (feita de régua, avalia).
matou os frutos plantando os espinhos
que espetam a mente com esta questão:
mereço o tormento, é justo este mundo?
"o consolo que pensa é a longa floresta,
não galhos e folhas que impedem a visão".
filosofia estendia seu manto de tanto saber,
e boécio, inquirindo sua fonte, de fé e de
sabedoria, ia aos poucos tecendo de novo
— como evitar? — sua fala em poesia.

entretanto, a resposta

sol nas rosas
e nenhuma surpresa
a vassoura arrasta as folhas secas
pelo quintal até uma pilha crespa
de outras folhas prontas para a compostagem

uma vez houve um deus
justo, diziam; suserano, disseram;
envelhecer tira o encanto
de palavras como "bom" e "mau"
não cuidará de um jardim, sequer de um quintal

mensageiro dos ventos
e mais um outono
café com conhaque querendo aquecer
os pés dentro de botas a barba a fazer
há novamente as perguntas: e entretanto, a resposta

a onda em kanagawa

em kanagawa há mais de um século
as mãos do mar nos avisavam
"não ousem seguir além".
                    nada, nem mesmo o monte
fuji crescia o bastante para domá-las
a estes olhos humanos.
montanhas do mar desprendiam seus flocos,
chuveiro de flocos sobre nós, sobre
                    as entranhas escuras do mar.

inclinados remando, reverência também,
havia uma prece nos lábios pedindo a clemência
daquelas garras geladas.
                    barcos humildes,
mera madeira, macerada por água.

as nuvens acima se condensavam num gesto
imitando a crista da onda,
silêncio glacial de distância — nós,
          nós somos o pouco e o pequeno,
          mas sorrimos por cima do medo,
morte e vida se espelham, crescendo.

corações que não vejam a beleza além do temor:
esses nem valem o bater.

simultaneously

as longas calçadas acabam quando ainda precisamos andar.
não é possível seguir um caminho para sempre.

paramos: tudo retorna & tudo desaparece.　　　　simultaneamente.

immortalia ne speres

immortalia ne speres
tempo de confundir as coisas
                sem clareza múltipla
panda loquenti
silêncio sobre as páginas
        é tempo de esquecer

perguntado onde trancam os
         [loucos
d. "aqui dentro":
sua cabeça um monte de ecos
no poço da solidão

         tu lenguaje mismo
             FINITA EST

começar pelo fim

no fim, o final, e
        aparecerá como um começo:
é sempre uma cara na cloaca, pois
        quando na morte
é a vida, invariável
        do final que já começa
pela cabeça, onde o grito
        é o primeiro que se vê,
o silêncio, o último
        que se esconde: nada lhe dá
mais do que colisão,
        o final, no fim: um e

ÍNDICE

sim 10
cefalópode 11
prece materna para corpo fechado 12
nem tão distante 13
courage de luxe 14
primeira pressão 15
musgos & pedras 16
porta afora: pé na estrada 17
grandes como aviões 18
outra viagem 19
frutas ao sol. verão 20
verão, ... 21
íbex 22
o grande alfaite 23
julho de 2000. varanda 24
os corpos dos avós 25
sem perguntas, um forasteiro 26
tarde quieta, cena litorânea 27
utilidades domésticas 28
o gerente de gravata vermelha 29
homem velho à deriva 30
mercado de masaya, nicarágua 31
der himmel über berlin 32
o inominável 33

fable ancienne? 34
fábula moderna onde acontecem transformações
muito inesperadas & onde se explica tudo ao final,
diligentemente, em moralidade proveitosíssima 35
finezas que se foram 36
façam suas apostas 37
eat drink suckcess 39
história como ironia, fevereiro de 2009 40
tsantsa 41
laranja 42
overlapping 43
dias sem cortina 44
silêncio: uma despedida 45
ontem 46
crítica do juízo 47
lilly cabaret 48
aula magna na escola superior de política 49
risco : país 50
smith & wesson.22 51
beber sem moderação 52
a um conhecido, indo finalmente
à rússia com a família 53
lugete 54
floresta índia, 1995 55
a pesca no estreito de bering 56
o acordeonista lisboeta 57
polianthes 58
produtos da roça a 8 km, estrada pro rio de janeiro 59
a boa cidade 60
a ponte de einstein-rosen 61
plesiossauro no museu de história natural 62
phænomena meteorologica 63
topografia externa 64
por favor, sussurre 65
hymnoi 66
breve manual do prestidigitador 69
intervalos 70
eu teria um banjo 71

cui j'amoie et cui j'ain 72
desfaz de dentro 74
a velha história 75
o homem bom 77
vergonha 78
orfeu desfaz a lira 79
livrar-se 80
psicopata superstar 81
o gato de schrödinger 82
a invenção da tolerância 83
gertrude stein penteia pétain 84
telegrama no front contra a imbecilidade 85
[encouraçados] 86
pague a sopa. faça um forte. taque fogo. 87
retrato de rodrigo lobo damasceno 89
london sketchbook 90
cena de trenós em greenwich 91
geografias 92
escurecendo, escuto 93
transístores 94
mais/menos/medida 95
isto 96
fogo espontâneo 97
caixas vazias 98
motum perpetuum 99
armazém de emoções passadas 100
ersatz 101
poema perplexo 102
o sentido da vida 104
nós não 105
respondendo à hipótese de vazio 106
party people 107
unhappy mondays 109
lyra aragonesa : refram de junho 110
a técnica dos 4 pontos 111
crítica 112
hintergedanke 113
moinhos 114

nós, os mentirosos 115
die steinblume...116
extrato/aviso para simples verificação: 117
juno 118
chute no traseiro..119
após uma conversa com obstáculos 120
ch'affillava i dardi 121
pretérito perfeito..122
controle 123
você mesmo 124
ação 125
cegueiras & visões 126
a fala de shamash & a febre de enkidu..129
o triunfo de marcelo grassmann 130
crueldade..131
piedade 132
katholikos...133
os indiferentes 134
sum. pont. 135
cristo pantocrator, de aleppo, mestre melquita 136
o fio dourado...137
breve oratório: ele terá 138
a filosofia convence boécio 139
entrentanto, a resposta 140
a onda em kanagawa 141
simultaneously 142
immortalia ne speres 143
começar pelo fim..144

TÍTULOS DESTA COLEÇÃO

Quadripartida
PATRÍCIA PINHEIRO

Cartografia do abismo
RONALDO CAGIANO

Casca fina Casca grossa
LILIAN ESCOREL

© 2020 Dirceu Villa
Todos os direitos desta edição reservados à Laranja Original.

www.laranjaoriginal.com.br

Editores	Filipe Moreau e Germana Zanettini
Projeto gráfico	Marcelo Girard
Produção executiva	Gabriel Mayor
Diagramação	IMG3
Foto da capa	Valéria Garcia

Dados Internacionais de Catalogação na Publicação (CIP)
(Câmara Brasileira do Livro, SP, Brasil)

Villa, Dirceu
　Couraça / Dirceu Villa. – 1. ed. –
São Paulo : Laranja Original, 2020.

1. Poesia 2. Poesia brasileira I. Título.

ISBN 978-65-86042-05-4

20-34059　　　　　　　　　　　　　　CDD-B869.1

Índices para catálogo sistemático:

1. Poesia : Literatura brasileira　B869.1

Maria Alice Ferreira - Bibliotecária - CRB-8/7964

Laranja Original Editora e Produtora Ltda.
Rua Capote Valente, 1198
05409-003 São Paulo SP
Tel. 11 3062-3040
contato@laranjaoriginal.com.br

Papel Pólen Soft 80 g/m² / *Impressão* Forma Certa / Março 2020